westermann



# Richtig schreiben

**Erarbeitet von**

Heike Baligand
Angelika Föhl
Nadine Pistor
Elke Schnepf-Rimsa

in Zusammenarbeit mit der
Westermann-Grundschulredaktion

**Für die Ausleihe bearbeitet von**

Heike Baligand
Christina von Weyhe

**Unter Beratung von**

Nadin Haida-Herklotz
Miriam Jacobs
Katharina Jorga
Insa Scheller
Christina von Weyhe
Prof. Dr. Anja Wildemann

**Illustriert von**

Karoline Kehr und Sabine Kranz

# Flex und Flora

## Deutsch 4

# Inhaltsverzeichnis

Seite

# Mit dem Wörterbuch arbeiten

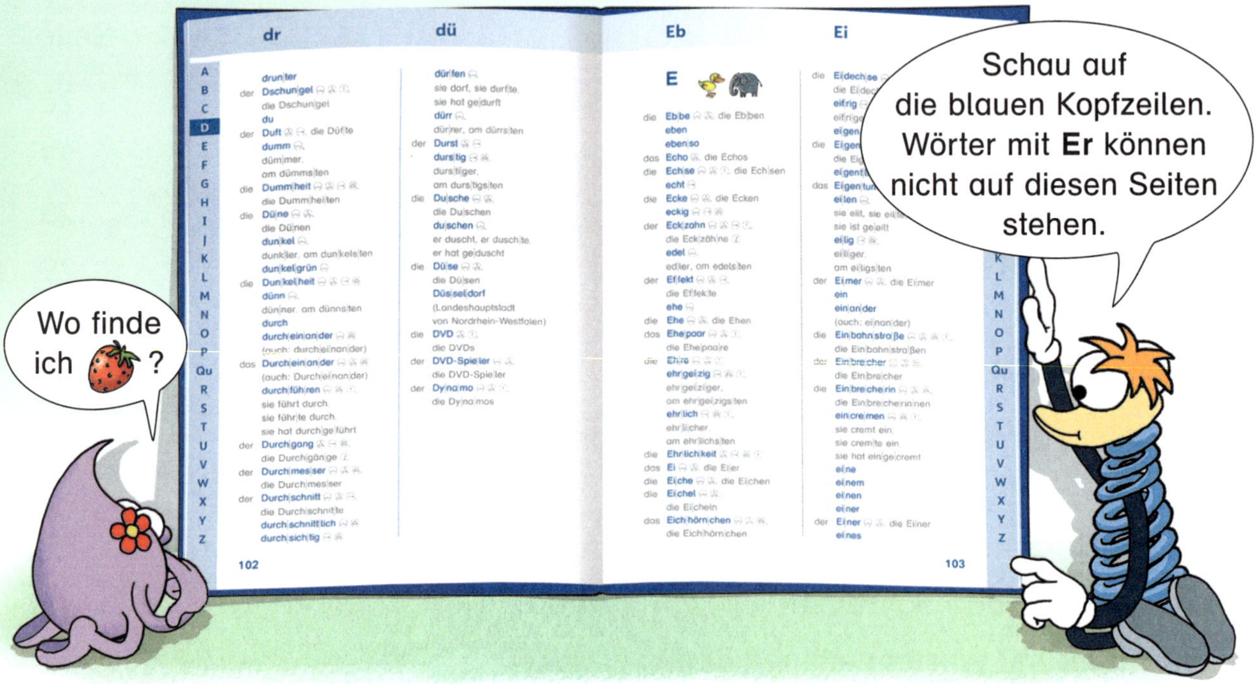


**1** Suche dir ein Partnerkind für die Aufgaben 2 und 3.

**2** Sprecht über diese Fragen:

a) Was meint Flex?

b) Was wisst ihr noch über Wörterlisten oder Wörterbücher?

**3** Lest die Erklärungen zum Wörterbuch.
Zeigt euch abwechselnd die Beispiele oben im Wörterbuch.
Findet weitere Beispiele für die Fachbegriffe auf den Karten.

| | |
|---|---|
| **Sa**<br>Die **Kopfzeile** hilft bei der Orientierung. Sie zeigt dir den Anfang des ersten Wortes in jeder Spalte. | der **Blick**, die Bli\|cke, bli\|cken, sie blickt<br>Das fett gedruckte Wort heißt **Stichwort**. Hinter ihm findet man häufig verwandte Wörter. |
| der **Sonn\|tag**<br>Senkrechte **Trennstriche** zeigen, wo ein Wort getrennt wird. | **fah\|ren**, sie fährt, sie fuhr, sie ist ge\|fah\|ren<br>Die **Personalformen von Verben** stehen hinter der Grundform. |

So findest du Wörter im Wörterbuch:

- Überlege, mit welchem **Anfangsbuchstaben** das Wort geschrieben werden könnte: Vogel oder Fogel?
- Schau dir die **Kopfzeilen** an. Überlege, ob das Wort auf dieser Seite stehen könnte.
- Diese **Buchstaben** findest du so: **ä** wie **a**, **ö** wie **o**, **ü** wie **u**, **äu** wie **au**, **ß** wie **ss**.

# Wörter alphabetisch ordnen

**1** Ordne die Wörter nach dem Alphabet und schreibe sie ins Heft. Markiere in jedem Wort den Buchstaben, der dir beim Ordnen geholfen hat.

| | |
|---|---|
| besuchen | versuchen |
| bestimmen | verstecken |
| Besen | verschwinden |
| besser | verschmutzen |
| besonders | versprechen |

1) Besen

**2** Schreibe die Listen ins Heft.
Zeichne Pfeile und ordne die Wörter zu.

| Bad böse beißen | Magnet Maß Mühe |
|---|---|
| Arzt | Magen |
| Baby | Mahl |
| Baum | Mann |
| beide | Matsch |
| Blume | mehr |
| Boot | Moos |
| boxen | Mühle |

2) Arzt
Baby — Bad
Baum

**3** Schreibe die Wörter
nach dem Alphabet geordnet ins Heft.

| | |
|---|---|
| Quadrat | Strauß |
| Quatsch | stricken |
| Qual | Strand |
| Quark | streiten |
| Quader | Strom |
| quasseln | Strafe |

| 3) Qua | Str |
|---|---|
| Quader | |

# Die richtige Schreibweise finden

**1** Suche im Wörterbuch nach der richtigen Schreibweise.
Schreibe die richtigen Wörter mit der Seitenzahl ins Heft.

1) Sandwich, S.
...

| | | |
|---|---|---|
| Sändwisch | Sandwich | Sandwitch |
| Jiens | Djeans | Jeans |
| Trainer | Trähner | Trehner |
| Dschungl | Dschungel | Jungel |
| Teeater | Teater | Theater |

Überlege erst, welche Schreibweise stimmen könnte. Wenn du das Wort so nicht findest, schlage an einer anderen Stelle nach.

**2** Suche die Wörter im Wörterbuch.
Schreibe dann die Wörter mit den richtigen Buchstaben ins Heft.

| 2) C oder K | V/v oder W/w | F/f oder Pf/pf |
|---|---|---|
| ___ | ___ | ___ |

| C oder K | V/v oder W/w | F/f oder Pf/pf |
|---|---|---|
| ___iefer | Pullo___er | ___lücken |
| ___lown | ___ahl | ___lur |
| ___aiser | ___irus | ___lüssig |
| ___omic | ___achs | ___ütze |
| ___omputer | ___ulkan | ___laster |

**3** Suche dir ein Partnerkind.

3b) Geschäft, ...
___

a) Wie könnt ihr die Rechtschreibhilfe des Computers für das richtige Schreiben nutzen? Sprecht darüber.

b) Kontrolliert die Wörter mit dem Schreibprogramm des Computers.
- Schreibt die Wörter aus dem Kasten mit dem Computer.
- Nutzt die Rechtschreibhilfe.
- Schreibt jedes Wort richtig ins Heft.

| | | | |
|---|---|---|---|
| Gescheft | Adwent | diser | Chousin |
| bischen | gennau | nähmlich | Nachbahr |

# Stichwörter finden und nachschlagen

**1** Unter welchen Stichwörtern im Wörterbuch findest du diese Wörter?
Schlage nach und schreibe ins Heft.

1) probieren, S.
...

| | Stichwort | Seite | | Stichwort | Seite |
|---|---|---|---|---|---|
| probierte | | | tödlich | | |
| mag | | | schlug vor | | |
| Pizzen | | | nummeriert | | |

**2** Suche die Stichwörter im Wörterbuch.
Schreibe einige verwandte Wörter, die zu dem Stichwort gehören.
Markiere die gleichen Wortbausteine.

2) führen, sie führte, die Einführung, entführt
...

führen | stecken | der Abend | schmutzig

**3** Finde die zehn Fehler im Text.
Wenn du unsicher bist, schlage im Wörterbuch nach.
Schreibe die Wörter richtig ins Heft.

3) Liebe, ...

Libe Oma,
balt ist mein Geburstag. Kanst du bitte schon am Tag vorher kommen? Wir wollen draussen feiern. Hofentlich klappt das!
Heute hat Mama die Heitzung angemacht. Es war erlich zu kalt.
Sogar unser Hund kricht unter die Decke.
Bis Sontag!
Malte

**4** Schreibe den Text von Aufgabe 3 richtig ins Heft ab.
Benutze den Abschreibpfeil.

4) Liebe Oma,

# Wörter mit schwierigen Stellen üben

**So kannst du Wörter üben:**

**A**

| Wörter mit ◡ | Wörter mit ◡◡ | Wörter mit ◡◡◡ |
|---|---|---|
| fair | Cousin | trainieren |

**B**

| Thema | Phase | Chips |
|---|---|---|
| Thema | Phase | Chips |
| Thema | Phase | Chips |

**C**

Käfer, Lärm, Märchen, nämlich

**D**

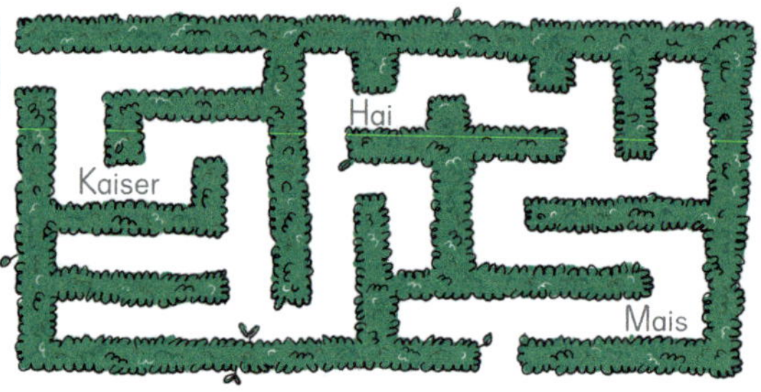


**E**

Auf der Wiese wachsen viele Blumen.
Sechs Blüten leuchten rot.

**F**

**1** Sprich mit einem Partnerkind.
Was meinen Flex und Flora?
Wie übst du schwierige Wörter?

**2** Welche Übung gehört zu welchem Arbeitsauftrag?
Zeige es einem Partnerkind.

- Schreibe die Wörter mit verschiedenen Farben.
- Schreibe die Wörter nach dem Alphabet geordnet.
- Schreibe Sätze mit den Wörtern und markiere sie.
- Schreibe die Wörter nach Silben geordnet.
- Schreibe die Wörter mehrmals in eine Vorlage.
- Wähle einige Wörter aus und lass sie dir von einem Partnerkind diktieren.

# Wörter mit schwierigen Stellen schreiben

**1** Schreibe die Wörter nach dem Alphabet geordnet ins Heft.

1a) ▬
▬

a) ganz Chance mehr ungefähr eigentlich davor

b) gern nächster endlich jetzt nichts herein

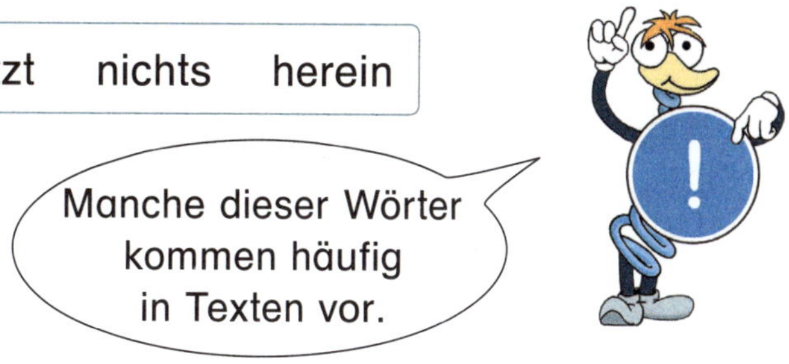


**2** Wähle aus der Liste von Seite **38** fünf häufige Wörter aus. Übe sie mit einer Übung von Seite **8**.

**3** Lies den Text und schreibe ihn ins Heft ab. Benutze den Abschreibpfeil. Markiere im Heft Stellen, die für dich schwierig sind.

3) Eigentlich ...
▬

Eigentlich gehe ich ganz gern ins Theater. Nur Märchen mag ich nicht. Unsere Lehrerin informierte uns nämlich in einer E-Mail, dass wir nächste Woche mit dem Chor das Theaterstück „Lärm um Fuchs Finn“ anschauen werden. Leider sitzen wir in der letzten Reihe. Den Platz können wir vielleicht noch wechseln. Auf einem Bild zum Stück sieht man einen wütenden Clown in einem Käfig. Zwei Füchse ohne Schwänze und ein Hai tanzen um ihn herum. Ist das fair? Ob das Stück wohl lustig ist? Zu diesem Thema kann ich bald mehr sagen.

**4** Schreibe passende Wörter von Aufgabe 3 geordnet ins Heft.

4) Wörter mit ä: ▬
Wörter mit ai: ▬
Wörter mit chs: ▬
Andere schwierige Wörter: ▬

# Wörter mit silbentrennendem h erkennen

**1** Sprich mit einem Partnerkind. Was meint Flex?

**2** Sprich die Wörter deutlich, ordne sie zu Wortpaaren und schreibe sie ins Heft. Markiere das **h** in den Wörtern und zeichne Silbenbögen.

2) gehen – geht
...

| gehen | sehen | fliehen | näher | Zehen | ziehen |
|---|---|---|---|---|---|
| flieht | geht | nah | zieht | sieht | Zeh |

Wenn bei zwei Silben zwei Vokale aufeinandertreffen, steht meistens ein **h** dazwischen.
Das **silbentrennende h** steht am Anfang der zweiten Silbe:
wir gehen, die Zehen, näher.

Wörter mit einer Silbe musst du verlängern:
er ge?t → wir gehen → er geht,
der Ze? → die Zehen → der Zeh,
na? → näher → nah.
Das **silbentrennende h** bleibt bei allen verwandten Wörtern erhalten.

**3** Verlängere die Wörter, um das **h** am Anfang der zweiten Silbe zu hören. Schreibe die Wörter ins Heft und markiere das silbentrennende **h**.

| 3) verlängern | also |
|---|---|
| wir drehen | er dreht |
| noch | |
| viele | |

| er dre?t | der Schu? |
|---|---|
| fro? | es glü?t |
| das Re? | frü? |


AH S. 34
61

Wörter mit *silbentrennendem h* kennenlernen
Die Rechtschreibstrategien *Verlängern* und *Mit Silben arbeiten* bei Wörtern mit *silbentrennendem h* nutzen

KV 64
HR

# Wörter mit silbentrennendem h schreiben

**1** Lies den Text und schreibe die Wörter mit silbentrennendem **h** ins Heft. Es sind insgesamt 13 Wörter.

1 + 2 ) steht – stehen

Luis steht am Fenster und sieht,
dass die erste Tulpe im Garten blüht.
Er zieht seine Schuhe an und geht hinaus.
Der Wind weht kräftig und dreht eine Reihe
bunter Windräder. In der Nähe kräht ein Vogel
auf einem Baum und auf der Wiese
muht eine Kuh.

**2** Ergänze bei den Verben von Aufgabe 1 die Grundform. Ergänze bei den Nomen die Einzahl oder die Mehrzahl. Markiere das silbentrennende h in den Wörtern.

**3** Finde in jedem Satz den Fehler. Schreibe das Wort, das dir bei der Schreibweise hilft, und das richtige Wort ins Heft.

3) Kühe → Milchkuh

Die Milchku auf der Wiese muht.

Eine Bank steht neben dem Geweg.

Im Früling blüht unser Apfelbaum rosa.

Oma leiht mir die alte Nämaschine.

Lina dreht sich schnell auf den Schuspitzen.

Beim Setest habe ich Buchstaben verdreht.

Das Reh hört ein Geräusch und fliet.

Der Flo sticht dreimal in einer Reihe.

Vor Weihnachten bin ich unruig.

Geschiet ein Wunder, bin ich froh.

**4** Lass dir von einem Partnerkind die Sätze von Aufgabe 3 diktieren.

4)

**5** Wähle von den Seiten 10 – 11 fünf Wörter aus, die für dich schwierig sind. Übe jedes Wort 5-mal mit einer Übung von Seite 8.

5)

# Nomen mit Wortbausteinen großschreiben

**1** Sprich mit einem Partnerkind. Welche Nomen mit anderen Wortbausteinen am Ende kennt ihr?

**2** Schreibe die Nomen aus dem Bild geordnet und mit bestimmten Artikeln ins Heft. Markiere dann die Endungen und die Anfangsbuchstaben der Nomen.

2) -nis: das Ereignis, ...
-schaft:
-tum:

**3** Bilde Nomen mit den Wörtern im Kasten und den Wortbausteinen **-heit**, **-keit** und **-ung**. Schreibe sie mit bestimmten Artikeln ins Heft. Markiere dann die Wortbausteine am Ende und die Anfangsbuchstaben.

3) -heit: die Gesundheit, ...
-keit: die
-ung: die

gesund sammeln frei traurig wahr
erklären pünktlich kreuzen schwierig

**4** In jedem Satz sind drei Fehler. Schreibe die Sätze richtig ins Heft.

4)

Zur sicherheit kontrolliert Linda
die ergebnisse ihrer rechnungen noch einmal.

Schon im altertum wurden in den wissenschaften
viele erkenntnisse gewonnen.

Wörter mit den Wortbausteinen **-nis**, **-schaft** und **-tum** am Ende sind **Nomen**, ebenso wie Wörter mit **-heit**, **-keit** und **-ung** am Ende.
Nomen schreibst du **groß**: das Ereignis, die Mannschaft, der Reichtum.



AH S. 36

# Wortbausteine erkennen und nutzen

**1** Schreibe den Text ins Heft.
Benutze den Abschreibpfeil.

1) Paul freut sich auf
das Ereignis …

Paul freut sich auf das Ereignis des Jahres: die Kreismeisterschaft im Handball. Seine Erwartungen sind groß. Er sitzt auf der Tribüne voller Hoffnung auf einen Sieg seiner Lieblingsmannschaft. Sein Team liegt gerade in Führung. Doch plötzlich wird der beste Spieler gefoult. Er hat wohl eine Verletzung. Die Rettungssanitäter tragen ihn vom Platz. Hoffentlich bleibt das die einzige Schwierigkeit, denkt Paul. Sein Team soll doch bei der Siegerehrung den Pokal bekommen und am nächsten Tag in der Zeitung stehen.

**2** Markiere die Wortbausteine -nis, -schaft, -keit, -ung
und die Anfangsbuchstaben der Nomen von Aufgabe 1 im Heft.

**3** In jedem Satz ist ein Fehler.
Finde die falsch geschriebenen Wörter
und schreibe sie mit bestimmten Artikeln
richtig ins Heft.

3) die Verpackung, …

Viele verpackungen sind überflüssig.

Mein neues Fahrrad ist mein eigentum.

Maxim hat ein gutes gedächtnis.

Eine zeichnung macht oft vieles klarer.

Im Winter brauchen wir warme kleidung.

**4** Arbeite mit einem Partnerkind.

a) Warum werden die Wörter in Aufgabe 3 großgeschrieben?
Erkläre.

b) Lass dir von deinem Partnerkind
die Sätze von Aufgabe 3 diktieren.
Schreibe ins Heft.

4b)

# Ableiten und Verlängern

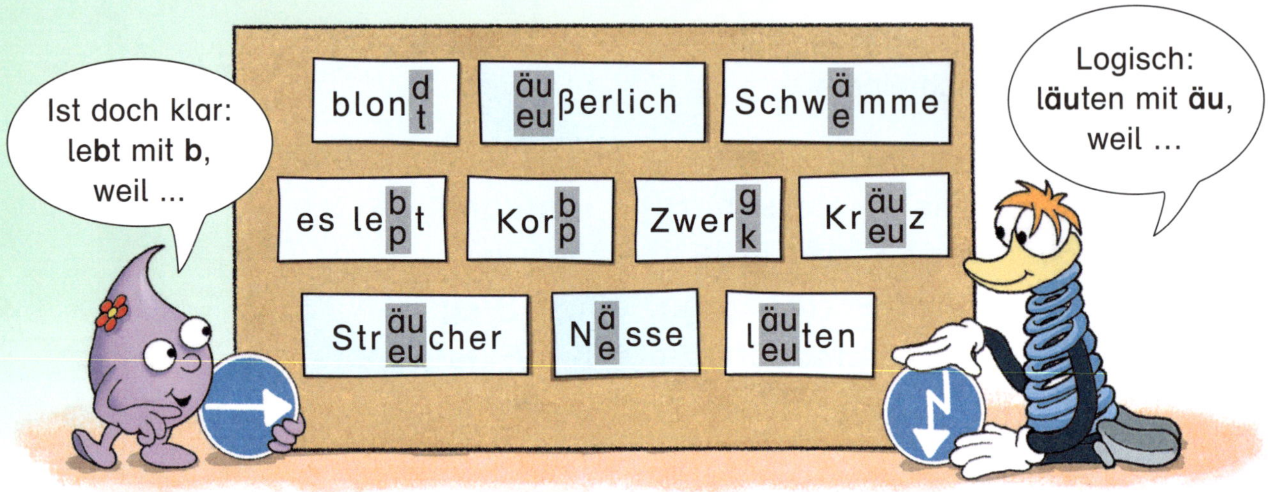


**1** Sprich mit einem Partnerkind.

a) Welche Strategien nutzen Flex und Flora?

b) Erklärt euch mithilfe der Strategien, wie die Wörter von oben geschrieben werden.

**2** Nutze die Strategien. Schreibe die Wörter von oben geordnet ins Heft.

2) Ableiten | Verlängern
der Laut – lauten | wir leben – es lebt,

**3** Welches Wort aus der Wortfamilie hilft dir? Nutze die Strategie **Ableiten** und schreibe die Wörter ins Heft.

3) Ableiten: ganz – ergänzen

| **ä ? e** | |
|---|---|
| | erg?nzen |
| | m?nschlich |
| | W?sche |
| | Gep?ck |
| | h?rzlich |
| | Dr?ck |
| | m?chtig |

| **äu ? eu** | |
|---|---|
| | Geb??de |
| | St??er |
| | tr?? |
| | vertr??mt |
| | L??te |
| | F??stling |
| | s??bern |



Die Strategien *Ableiten* und *Verlängern* für die richtige Schreibung nutzen
Das *Ableiten* zur Schreibung von Wörtern mit *ä/e* und *äu/eu* nutzen

KV 70
Fö 71, 72
HR

**4** Nutze die Strategie **Verlängern** und schreibe die Wörter ins Heft.

4) Urlauber – der Urlaub

| | |
|---|---|
| b ? p | der Urlau? |
| | sie lie?t |
| d ? t | wil? |
| | der Tex? |
| g ? k | er schen?t |
| | klu? |

**5** Zerlege die zusammengesetzten Nomen
und leite das erste Wort ab
oder verlängere es.
Schreibe es ins Heft.
Schreibe dann das zusammengesetzte Nomen.

5) raten – Rätselheft

- R?tselheft
- Schrei?tisch
- L??chtturm
- Zu?fahrt
- H??serreihe
- Ran?streifen
- Gel?börse

Wenn du ein Wort **ableitest**, kannst du herausfinden,
ob du es mit **ä** oder **e**, **äu** oder **eu** schreibst: nass → Nässe, Strauch → Sträucher.

Wenn du ein Wort **verlängerst**, kannst du herausfinden,
ob du es mit **b** oder **p**, **d** oder **t**, **g** oder **k** schreibst:
Körbe → Korb, wir leben → es lebt, blonder → blond.

**Zusammengesetzte Wörter** musst du zuerst zerlegen.
Leite dann das erste Wort ab oder verlängere es:
Gep?ckstück → Gep?ck + Stück → packen → Gepäckstück,
Hu?konzert → Hu? + Konzert → hupen → Hupkonzert.

# Ableiten und Verlängern üben

**1** Schreibe die Wörter ins Heft.
Markiere dann die schwierigen Buchstaben.
Zeichne dahinter die Strategiesymbole,
die die Schreibweise der markierten
Stellen erklären.

1) schiebt

schiebt | Gläser
kälter | Gäste
gibt | fliegt
Strand | Geräusch

**2** Zerlege die Nomen.
Welche Strategie hilft dir jeweils?
Nutze die Strategie
und schreibe die Nomen mit Artikeln
und dem passenden Symbol ins Heft.

2) schulden – das Schuldgefühl
packen – das Päckchen

das Schul?gefühl
das P?ckchen
der Run?lauf
das Spu?schloss

der Lie?ling
der Schrei?tisch
das S??getier
der Gel?beutel
die Erk?ltung
der Rin?finger
der Ban?wurm
das Mitta?essen
der Stau?sauger
der Kr??tergarten

**3** Warum schreibt man beim Wort **Bergwerk**
**Berg** mit **g** und **Werk** mit **k**?
Erkläre es einem Partnerkind.



Komposita zerlegen und die Strategien *Ableiten* oder *Verlängern*
für die richtige Schreibung nutzen
Rechtschreibgespräche führen

HR

**4** Nutze die Strategien **Ableiten** und **Verlängern** und finde den Fehler in jedem Satz. Schreibe die Wörter richtig ins Heft. Ergänze das passende Strategiesymbol.

Der Bäcker setzt am Morgen den Brodteig an.
Meine Eltern unternehmen gern Stedtereisen.
Die Lantstraße führt von Ort zu Ort.
Das Flukzeug landet heute verspätet.
Heute gibt es ein spannendes Lenderspiel.
Noah ist ein Tagtreumer.
In vielen Gebieten gibt es Ertbeben.
In der Stadt sind viele Ratfahrer unterwegs.

4) Brotteig →

**5** Warum werden die markierten Stellen in den Wörtern so geschrieben? Erkläre es einem Partnerkind:
Das Wort **Tag** schreibt man mit **g**, weil …

**Ein Tag in den Ferien**

Einmal jährlich im Sommer kommt Olga zu Besuch. Dann fährt die Mutter mit Jona und Olga zu einem Berg in der Nähe, um dort im Abendlicht zu picknicken und den Sonnenuntergang anzusehen. Olga freut sich schon auf das Abendessen im Freien. Zusammen packen sie den Picknickkorb und es geht los. An einer Weggabelung an einem See hält die Gruppe. Mutig nimmt Olga ein Bad. Danach trocknet sie sich schnell ab. Nun lassen sich Jona, seine Mutter und Olga das leckere Picknick schmecken. Hinter dem Bergkamm leuchtet noch die Sonne. Doch es dauert nicht lang und sie ist verschwunden. Gleich wird es kalt und sie laufen im Mondschein zurück.

**6** Schreibe den Text von Aufgabe 5 ins Heft ab. Benutze den Abschreibpfeil.

6)

# Auf die Großschreibung achten

leos aufregung ist groß. er fährt am freitag
mit dem zug nach köln. dort besucht er
tante clara. am gleis erwartet sie ihn.
da ertönt die durchsage: „achten sie
auf ihr gepäck!“ als leo dann endlich
mit seinem koffer vor seiner tante steht,
ist die freude riesig.

**1** Sprich mit einem Partnerkind.

a) Was meint Flex?

b) Findet die 22 Wörter, die großgeschrieben werden müssen.

**2** Schreibe den Text von oben ohne Fehler ins Heft.

2) Leos ...

**3** Markiere alle Wörter von Aufgabe 1, die du großgeschrieben hast, im Heft. Es müssen 22 Wörter sein.

**4** Erkläre einem Partnerkind, warum du die einzelnen Wörter großgeschrieben hast.

Wörter werden großschrieben,
- wenn das Wort am **Satzanfang** steht: Dort besucht er Tante Clara.
- wenn das Wort ein **Nomen** ist.
  Nomen kannst du auf verschiedene Weise erkennen:
  - Du kannst **ein/eine** oder **viele** vor das Nomen setzen: eine Tante, viele Freitage.
  - Du kannst ein **Adjektiv** vor das Nomen setzen: ein toller Koffer.
  - Das Wort hat am Ende einen der Wortbausteine **-heit**, **-keit**, **-ung** oder **-nis, -schaft, -tum**: Gleichheit, Ängstlichkeit, Aufregung, Ärgernis, Freundschaft, Reichtum.
- wenn das Wort ein **Eigenname** ist: Leo, die Schulzes, Köln, ein Hamburger.
- wenn das Wort ein **höfliches Anredepronomen** ist: Achten Sie auf Ihr Gepäck!

86

Über das Großschreiben nachdenken
Einen Text abschreiben und dabei die Regeln der Groß- und Kleinschreibung berücksichtigen

Wir fahren Skateboard.
Das Fahren klappt schon prima.

Jeden Tag üben wir.
Wir setzen zum Üben einen Helm auf.

Wir springen über Hindernisse.
Beim Springen passen wir auf.

**5** Sprich mit einem Partnerkind.

a) Was meint Flora?

b) Welche Wörter werden einmal kleingeschrieben und einmal groß?

**6** Formuliere die Sätze so um, dass die grünen Verben wie Nomen verwendet werden. Schreibe ins Heft.

6) Am Wochenende darf man faulenzen.
Das Faulenzen am Wochenende ist erlaubt.

**Erlaubt oder verboten?**

Am Wochenende darf man faulenzen.

Das (coole) Faulenzen am Wochenende ist erlaubt.

Im Sportunterricht darf man keinen Schmuck tragen.

Das ▬ ist verboten.

Im Kino darf man Popcorn essen.

▬

Auf dem Campingplatz darf man zelten.

▬

Wenn ein Artikel vor einem Verb steht oder du einen Artikel oder ein Adjektiv vor ein Verb setzen kannst, schreibst du es groß.
Der Artikel kann auch in Wörtern wie **beim**, **vom**, **zum** versteckt sein:
das (coole) Fahren, zum (coolen) Üben, beim (coolen) Springen.

# Die Großschreibung üben

**1** Welche Beispielsätze passen zu den Erklärungen?
Zeige sie einem Partnerkind.

- Am Satzanfang schreibe ich immer groß.
- Nomen schreibe ich groß.
- Höfliche Anredepronomen schreibe ich groß.
- Eigennamen von Personen, Städten und Ländern schreibe ich groß.

- Ich freue mich auf Ihren Besuch!
- Kommt Marc auch mit?
- Ich gehe gern ins Kino, denn ich liebe Spannung.
- Das wird lustig!

**2** Welche Wörter sind Nomen?
Prüfe mit einer Nomenprobe deiner Wahl.
Schreibe die Nomen richtig ins Heft.

2) Nahrung,

| nahrung | bürger | verwandt | wunder | bereits |
|---|---|---|---|---|
| zensur | liebe | friedlich | müll | quiz |

**3** Bilde mit den Nomen von Aufgabe 2 jeweils einen Satz.
Schreibe ins Heft.

3)

**4** Bilde mit den Wörtern und den Wortbausteinen Nomen.
Schreibe sie mit bestimmten Artikeln ins Heft.

4) die Erklärung,

| erklären | ähnlich | wagen | ergänzen |
|---|---|---|---|
| frech | impfen | geheim | blind |
| vollständig | meinen | frei | empfindlich |
| bekannt | reich | verwandt | |

-heit
-keit
-nis
-ung
-schaft
-tum

Kenntnisse der Großschreibung anwenden
Nomenproben zur Identifizierung von Nomen nutzen
Nomen bilden mit den Wortbausteinen *-ung, -heit, -keit, -nis, -tum, -schaft*

## 5

Setze die fehlenden Anredepronomen ein.
Schreibe ins Heft.

| Ihr | Sie | Sie | Ihre | Ihrem | Sie |
|---|---|---|---|---|---|

5) Liebe Frau Meier,
danke, dass Sie ...
___

Liebe Frau Meier,
danke, dass ___ uns aus ___ neuen Buch vorgelesen haben.
___ Buch ist einfach super. Außerdem können ___
beim Vorlesen ___ Stimme toll verstellen. Richtig cool!
Hoffentlich kommen ___ bald wieder.
Viele Grüße
Klasse 4c der Burgschule

## 6

Setze in den Satzpaaren die Verben ein. Sage einem Partnerkind, wann das Wort kleingeschrieben und wann es großgeschrieben wird.

| backen | erzählen | rennen |
|---|---|---|

Am Sonntag ___ Tim und Papa Kuchen.
Zum ___ brauchen sie viele Zutaten.
Vom ___ wird Jella schnell müde.
Deshalb ___ sie nur kurze Strecken.
Beim ___ vom Wochenende sitzen alle im Erzählkreis.
Nur das Kind mit dem Erzählstein darf ___ .

## 7

Schreibe den Text richtig ins Heft ab.
Benutze den Abschreibpfeil.

7) Die ...
___

die kinder schreiben einen text von der tafel ab. beim schreiben hört wanja plötzlich ein geräusch. etwas kratzt im schrank. das kratzen wird lauter. „frau wolf, hören sie das auch?“, ruft wanja. die lehrerin öffnet vorsichtig die schranktür. eine kleine maus saust quer durch das zimmer in richtung leseecke. dort bringt sie sich in sicherheit. alena lacht: „bestimmt möchte die maus bei ihnen das lesen lernen!“

## 8

Markiere im Heft die 31 Wörter von Aufgabe 7, die großgeschrieben werden müssen.

# Wörter trennen

**1** Suche dir ein Partnerkind.
Lest die Regeln für die Trennung der Wörter.
Zeigt euch abwechselnd, zu welcher Regel die Wörter passen.

**2** Welche Regeln gelten für die Trennung der Wörter?
Schreibe die Wörter mit Trennstrichen zur passenden Regel.

2) Du trennst Wörter nach Silben:
Spin-ne, ...
Wörter mit nur einer ...

Du trennst Wörter nach Silben.

Wörter mit nur einer Silbe kannst du nicht trennen.

Du trennst Wörter vor **ch**, **ck** und **sch**.

Einzelne Vokale darfst du am Wortanfang und am Wortende nicht abtrennen.

| | | | |
|---|---|---|---|
| Spinne | Dieb | Apotheke | Kiste |
| Bier | Amerika | lachen | Brücke |
| Schwimmbad | hüpfen | Linie | dreckig |
| aber | Bus | Moschee | Radio | tief |

**3** Finde zu jeder Regel von Aufgabe 2 ein weiteres Wort.
Ergänze im Heft. Kontrolliere mit einem Wörterbuch.



Regeln für das Trennen von Wörtern am Zeilenende kennenlernen
Wörter den Regeln zur Wörtertrennung zuordnen
Passende Wörter zu den Regeln zur Wörtertrennung ergänzen

**4** Sprich die Wörter deutlich in Silben.
Schreibe die Wörter mit Trennstrichen ins Heft.

4) Ver-bot, ...

| Verbot | streicheln | Feuerwehr | dreihundert | Engel |
|---|---|---|---|---|
| aufpassen | schütteln | jemand | Taste | gestern | welche |
| schmutzig | schützen | Spaziergang | füttern | vierzehn |

**5** Sprich die Wörter deutlich in Silben.
Schreibe die Wörter mit Trennstrichen ins Heft.

5) tref-fen, Treff-punkt

treffen Treffpunkt

brummen Brummbär

stellen Stellplatz

schaffen Schaffner

essen essbar

Dummheit dümmer

sammeln Versammlung

Gewissheit wissen

Bei **tref – fen** endet die erste Silbe zwischen den doppelten Konsonanten. Bei **Treff – punkt** endet die erste Silbe nach den doppelten Konsonanten.

**6** Warum wird **blit-zen** zwischen **t** und **z** getrennt und **Blitz-licht** nach **tz**? Erkläre es einem Partnerkind.

Wenn du Wörter am Zeilenende trennst, musst du diese **Regeln** beachten:

- Du trennst Wörter **nach Silben**: Spin-ne, Kis-te, Schwimm-bad.
- Wörter mit **nur einer Silbe** kannst du nicht trennen: Dieb, Bus.
- Du trennst Wörter vor **ch**, **ck** und **sch**: la-chen, Brü-cke, Mo-schee.
- **Einzelne Vokale** darfst du am Wortanfang und Wortende nicht abtrennen: aber, Ra-dio.

# Trennungsregeln anwenden ...

**1** Finde in jedem Kasten das Wort, das du nicht trennen darfst.
Zeige es einem Partnerkind.

| Urlaub | Abend | Onkel | Ende |
|---|---|---|---|
| Uhu | Adler | Ofen | essen |
| Umzug | Affe | Ohren | Esel |
| unter | anders | offen | Eule |

Einzelne Vokale darfst du am Wortanfang und am Wortende nicht abtrennen.

**2** Schreibe die Wörter mit Trennstrichen ins Heft.

2) wa-ckeln, ...

wackeln kochen löschen
versuchen zwischen
schmecken trocken wachen

Die Buchstabenverbindungen **ch**, **ck** und **sch** bleiben immer zusammen. Du trennst davor.

**3** Setze die passenden Wörter getrennt in den Text ein.
Schreibe den Text ins Heft ab.

3) Am Samstagmorgen klingelt schon sehr früh der We-
cker.

Am Samstagmorgen klingelt schon sehr früh der ___
___. Jonas und Jonathan stehen auf und ___
___ sich. Sie frühstücken und suchen die ___
___ fürs Freibad. Schnell haben sie ihre ___
___ gepackt. Sie nehmen noch Wasser in ___
___ mit. Beim ___ kaufen sie für den Tag ein paar ___
___ Brötchen. Jetzt kann es losgehen!

Taschen
Wecker
leckere
Sachen
Bäcker
waschen
Flaschen

**4** Warum wird hier einmal vor **ck** und einmal nach **ck** getrennt?
Erkläre es einem Partnerkind.

drucken Druckbild

stecken Stecknadel



Wörter erkennen, deren Vokal am Anfang nicht abgetrennt werden darf
Wörter mit *ch*, *ck* und *sch* trennen
Trennungsregeln in einem Rechtschreibgespräch erklären

**5** In jedem Kasten sind zwei Wörter falsch getrennt. Finde die falschen Wörter. Schreibe sie dann zusammen oder richtig getrennt ins Heft.

5a) Kat-ze, ...
b) ___

| a) | b) | c) | d) |
|---|---|---|---|
| Ka – tze | Os – tern | set – zen | eck – ig |
| Blö – cke | dru – cken | Ra – di – o | ver – glei – chen |
| O – pa | Kirsch – en | Bü – cher | mei – stens |
| bit – ten | nü – tzen | Zuc – ker | ge – win – nen |

**6** Welche Regeln treffen auf die Wörter von Aufgabe 5 zu? Erkläre es einem Partnerkind.

**7** Lies den Text. Schreibe die fehlenden Wörter richtig getrennt ins Heft. Kontrolliere mit dem Wörterbuch.

7) Af-fe, ...
___

Vorgestern passierte ein Unglück im Zoo. Ein ___
___ brach aus. Er eilte mit weiten ___
___ zum Ausgang und konnte dann an den ___
___ vorbei auf die stark befahrene Straße ___
___. Einigen Wärtern gelang es, ihm zu ___
___. Sie versuchten, ihn mit Früchten zu ___
___. Der Affe lief jedoch unbeirrt weiter zum ___
___. Da angekommen blieb das flinke Tier ___
___, konnte nicht weiter und wurde eingefangen.

Sprüngen
Affe
stehen
folgen
locken
Wärtern
Flussufer
hüpfen

**8** Schreibe den Text von Aufgabe 7 ins Heft ab. Benutze den Abschreibpfeil. Trenne die Wörter dort, wo bei dir im Heft die Zeilen enden.

8) Vorgestern, ...
___

**9** Lass dir von einem Partnerkind zehn Wörter von den Seiten 24 und 25 diktieren. Überlege, ob und wo du sie trennen kannst. Schreibe sie mit Trennstrichen ins Heft.

9) ...
___

# Wörter mit ss, s und ß unterscheiden

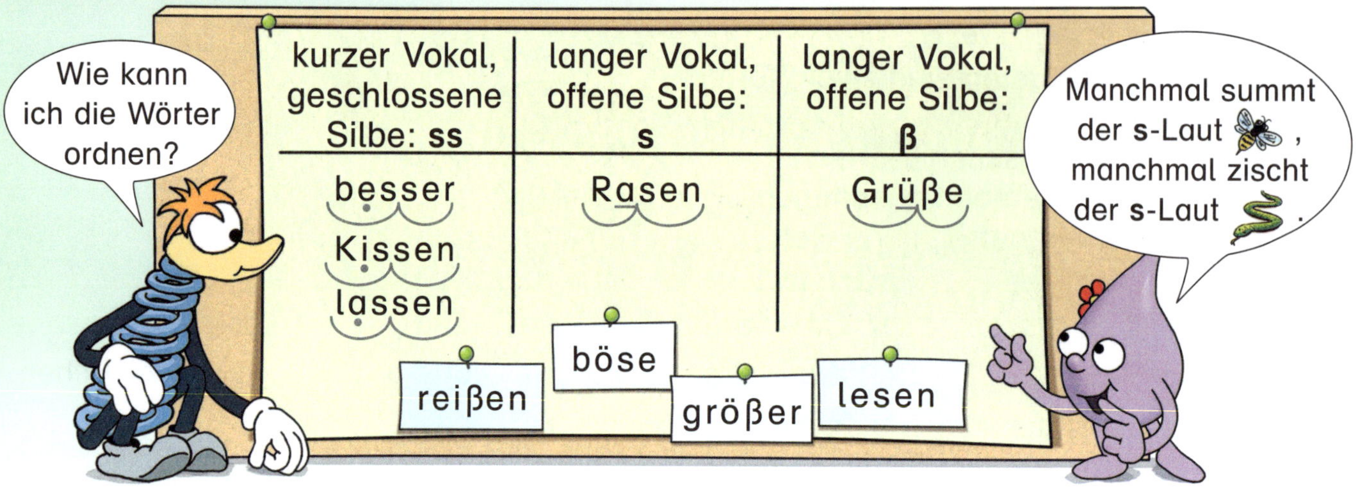


**1** Sprich mit einem Partnerkind.
Sprecht die Wörter deutlich und ordnet sie zu.

**2** Sprich jedes Wort deutlich und schreibe es ins Heft.
Zeichne Silbenbögen und markiere in jedem Wort den Buchstaben, mit dem die erste Silbe endet.

2) Späße, ...

Späße besser riesig Flosse leise fressen außen Wissen

**3** Schreibe die Wörter von Aufgabe 2 geordnet. Ergänze _ oder • unter dem Selbstlaut in der ersten Silbe.

Die erste Silbe endet mit einem Vokal.
→ offene Silbe, langer Vokal _

Die erste Silbe endet mit einem Konsonanten.
→ geschlossene Silbe, kurzer Vokal •

**4** Sprich die Wörter mit offenen Silben von Aufgabe 2 deutlich.
Summst du den **s**-Laut oder zischst du den **s**-Laut?
Schreibe die Wörter geordnet ins Heft.

4) Wörter mit s (summt): ...
Wörter mit s (zischt): Späße, ...

Wenn die erste Silbe mit **s** endet, ist sie geschlossen. Du schreibst **ss**, wenn die zweite Silbe auch mit **s** beginnt: bes ser, Flos se, ...

Wenn die erste Silbe mit einem Vokal endet, ist sie offen.
Bei stimmhaftem **s**-Laut in der zweiten Silbe schreibst du **s**: lei se, rie sig, ...

Bei stimmlosem **s**-Laut in der zweiten Silbe schreibst du **ß**: Spä ße, au ßen, ...

# Wörter mit ss und ß üben

**1** Schreibe die Wörter ins Heft.
Zeichne Silbenbögen und
markiere **ss** und **ß**.

1) müssen, ...

Achte darauf, mit welchem Buchstaben die erste Silbe endet.

| | | | | |
|---|---|---|---|---|
| müssen | Straße | Hessen | grüßen | küssen |
| passen | Soße | dreißig | wissen | schließen |

**2** Ordne die Wörter im Heft nach offenen und geschlossenen Silben.

Die erste Silbe 
endet mit einem Vokal.
➜ Die Silbe ist offen.
➜ Der Vokal klingt lang _ .

| 2) offene Silbe | geschlossene Silbe |
|---|---|
| | |

Die erste Silbe endet
mit einem Konsonanten.
➜ Die Silbe ist geschlossen.
➜ Der Vokal klingt kurz • .

**3** Finde jeweils ein weiteres Wort zu Aufgabe 2.
Ergänze die Wörter und kontrolliere mit einem Wörterbuch.

**4** Verlängere:
Ist die erste Silbe geschlossen oder offen?
Schreibe die Wörter mit **ss** oder **ß** ins Heft.

4a) viele Nüsse – Nuss, ...
b) noch süßer – süß, ...

| a) **ss / ß** | | b) **ss / ß** | |
|---|---|---|---|
| Nu? | Gru? | sü? | na? |
| Pa? | Strau? | kra? | gro? |
| Spa? | Schlu? | hei? | wei? |
| Fu? | Flu? | | |

Einsilbige Wörter musst du verlängern.

**5** Bilde Sätze mit zehn Wörtern von Aufgabe 4.
Schreibe sie ins Heft.

5) ...

# Wörter mit s und ß üben

**1** Lass dir jedes Wort von einem Partnerkind vorlesen.
Sage ihm, ob das Wort mit stimmhaftem **s** wie 🐝 oder mit stimmlosem **ß** wie 🐍 geschrieben wird.

| fleißig | Rasen | außerdem | Wiese |
|---|---|---|---|
| schließen | Sträuße | bremsen | Nase |
| äußerlich | Käse | draußen | vorlesen |

**2** Schreibe die Wörter von Aufgabe 1 geordnet nach **s** und **ß** ins Heft.

| 2) Wörter mit 🐝 stimmhaftem s-Laut | Wörter mit 🐍 stimmlosem s-Laut |
|---|---|
| ▬ | fleißig |

**3** Verlängere, damit du hörst, mit welchem **s**-Laut die zweite Silbe beginnt. Sprich die Wörter deutlich und schreibe sie mit **s** 🐝 oder **ß** 🐍 ins Heft.

3a) viele Preise – Preis, …
▬
b) wir …
▬
c) noch …
▬

a) Bilde den **Plural** der Nomen. Schreibe sie dann im **Singular**.

**ß ? s**

der Prei?
der Strau?
die Gan?

b) Bilde die **wir-Form** der Verben. Schreibe sie dann in der **Personalform**.

**ß ? s**

es krei?t
es flie?t
sie lö?t

c) Bilde die **1. Vergleichsstufe** der Adjektive. Schreibe sie dann in der **Grundform**.

**ß ? s**

gro?
sü?
hei?

# Wörter mit ss, s und ß üben

**1** Schreibe den Text ins Heft ab.
Setze **ss**, **s** oder **ß** ein und zeichne Silbenbögen unter die Wörter.

1) __
__

Meine Freundin Emilia und ich haben einen Ferienpa__ für viele spa__ige Aktionen in den Sommerferien. In diesem Jahr fanden wir das Projekt Flo__bau sehr intere__ant. Am Abenteuerspielplatz begrü__te uns der Teamleiter. Er hie__ Jan und war rie__ig gro__. Gemeinsam mit drei__ig Kindern gingen wir durch das Gra__ zum Flu__. Dort sollte das Flo__ später zu Wa__er gela__en werden. Zuerst mu__ten wir alle arbeiten. Zu Beginn waren wir etwas planlo__, darum half uns Jan ein bi__chen. Dann ging es gut voran. Nach dem Mittage__en gab es für alle ein Gla__ Ei__tee. Es wurden auch Sü__igkeiten verteilt. Die Flo__fahrt war super. Wir hatten alle viel Spa__ und waren am Ende klitschna__.

**2** Kontrolliere die ergänzten Wörter von Aufgabe 1 mit dem Wörterbuch.

**3** Lass dir von einem Partnerkind vier Sätze diktieren.

3) __
__

**4** Finde die Fehler im Text. Verlängere und schreibe die Wörter richtig ins Heft.

4) viele Füße – Fuß
__

Ali hält seinen Fuss in den Bach.
Anne stöst das Glass um. Der Kuchen ist sehr süss.
Der Preiß für das Fahrrad ist hoch.
Leyla läßt den Drachen steigen.
Im Sommer ist es oft sehr heiss.

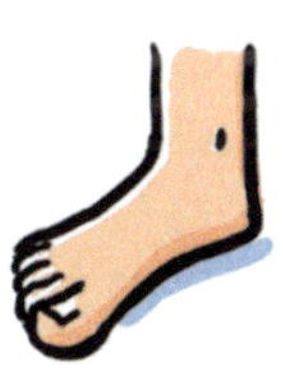

# Ähnliche Wörter unterscheiden

**1** Sprich mit einem Partnerkind.
Welchen Tipp könnt ihr Flora geben?

**2** Schreibe die Wörter ins Heft.

| Seite | Boote | Saite | mahlen | Bote | malen |
|---|---|---|---|---|---|

2a) der Bote
b) ▬

a) 
b) 
c) 
d) 
e) 
f) 

Es gibt Wörter, die **gleich klingen**, aber **unterschiedlich geschrieben** werden und auch eine **unterschiedliche Bedeutung** haben. Du musst sie dir merken.
Er ist ein netter Mann. Ihn muss man einfach mögen.
Ich arbeite für ein paar Stunden im Garten. Dafür brauche ich ein Paar Handschuhe.
Ich fahre mit dem Rad zur Schule. Opa gibt mir einen guten Rat.

**3** Schreibe mit den Wortpaaren von Aufgabe 2 jeweils zwei Sätze ins Heft.

3) ▬
▬

# Ähnliche Wörter in Sätzen verwenden

**1** Lies die Sätze einem Partnerkind vor.
Zeige ihm, welches Wort jeweils passt.

| | |
|---|---|
| Paar paar | Oma und Opa sind schon seit vielen Jahren ein ___. |
| | Ich fahre gern für ein ___ Tage zu ihnen. |
| man Mann | Mein Onkel ist ein wirklich kluger ___. |
| | Ich bin froh, dass ___ ihn alles fragen kann. |
| fiel viel | Im Sommer esse ich gern ___ Eis. |
| | Lotte ___ vor Schreck vom Stuhl. |
| Wahl Wal | Die ___ zum Tier des Jahres findet statt. |
| | Ich würde mich sehr freuen, wenn der ___ gewinnt. |

**2** Schreibe den Text ins Heft ab.
Setze dabei die fehlenden Wörter ein.

| | | | | |
|---|---|---|---|---|
| Laib | bunt | Paar | Waagen | Stadt |
| paar | Leib | statt | Bund | Wagen |

2) Lewin ist mit seiner Mutter
auf dem Markt. Sie wollen
ein Bund ...

**Auf dem Marktplatz**

Lewin ist mit seiner Mutter auf dem Markt. Sie wollen ein ___ Blumen kaufen. Auf dem Markt ist alles schön ___. Dort vorne hat Lewin ein ___ schöne Sträuße gesehen. Aber die Schlange ist lang und vor ihnen steht ein ___, das sich nicht entscheiden kann. Lewin ist gern in der ___. Vielleicht suchen sie ___ Blumen aber auch eine Topfpflanze aus. Dort drüben ist der Bäcker und die Mutter kauft einen ___ Brot. „Brot ist gut für ___ und Seele" steht auf dem Schild am Marktstand. Der Bäcker hat einen schönen ___. Die Verkäuferinnen wiegen an drei ___ Brot und Gebäck ab.

**3** Lass dir von einem Partnerkind vier Sätze
von Aufgabe 1 diktieren.

3) ___
___

# Wörter mit Wortbausteinen am Anfang und am Ende schreiben

**1** Suche dir ein Partnerkind.
Führt ein Rechtschreibgespräch zu den Wörtern im Bild.
Zeigt abwechselnd im Bild die Wörter, die richtig geschrieben sind.

**2** Finde in der wörtlichen Rede die Verben mit abgetrennten Wortbausteinen.
Setze diese Verben dann in der Grundform ein.
Schreibe beide Formen ins Heft.

> 2) räumt ... auf –
> aufräumen

Papa schimpft: „Wann räumst du endlich dein Zimmer auf?“

Elli antwortet: „Heute Abend werde ich ▬. Versprochen!“

„Warum später? Fang doch gleich damit an!“, erwidert Papa. Elli mault:

„Ich kann erst ▬, wenn die Hausaufgaben fertig sind.“

„Also gut!“, meint Papa. „Pack dann bitte noch die Sachen für morgen ein.“

„Die kann ich doch erst ▬, wenn ich fertig bin!“, ruft Elli.

Papa lacht: „Okay. Das Radio lass bitte aus. Sonst passt du nicht richtig auf.“

„Ich werde das Radio ▬ und ▬ werde ich natürlich auch,“ stöhnt Elli. „Zufrieden?“

**3** Bildet mit **Ver-/ver-** oder **Vor-/vor-** je ein Verb, ein Nomen und ein Adjektiv.

| | Verb | Nomen | Adjektiv |
|---|---|---|---|
| brauchen | ? | ? | verbraucht |
| geben | ? | Vergebung | ? |
| sorgen | ? | Vorsorge | ? |



Ein Rechtschreibgespräch zu Wörtern mit Wortbausteinen führen
Verben mit Wortbausteinen bilden und verwenden
Nomen, Verben und Adjektive mit *Ver-/ver-* und *Vor-/vor-* bilden

**4** Bilde Verben mit den Wortbausteinen **ab-**, **auf-** und **ver-**.
Schreibe sie ins Heft.

| 4) ab- | auf- | ver- |
| --- | --- | --- |
| abbiegen | ___ | ___ |

| ab- | biegen, brennen, beißen |
| --- | --- |
| **auf-** | führen, fangen, fressen |
| **ver-** | raten, rücken, rühren |

**5** Markiere in den Verben von Aufgabe 4 den letzten Buchstaben des Wortbausteins und den ersten Buchstaben des Verbs.

**6** Setze das Verb **kommen** mit den passenden Wortbausteinen **auf-**, **be-**, **ent-** und **vor-** ein.

6) Im Laufe des Tages wird ein starker Wind aufkommen.

Im Laufe des Tages wird ein starker Wind ___.

Der Dieb konnte leider ___.

Ich habe eine gute Note ___.

Fehler können ___.

Wortbausteine am Anfang von Wörtern heißen auch vorangestellte Wortbausteine oder Vorbausteine.

**7** Enden die Adjektive mit den Wortbausteinen **-ig**, **-lich** oder **-isch**? Setze ein.
Schreibe ins Heft.

7) Das Wettrennen ist für Eva schwierig.

Das Wettrennen ist für Eva schwier___, obwohl sie sehr sport___ ist. Danach ist sie hungr___ und durst___, aber auch glück___ über ihren Sieg. Ihre Freundin umarmt sie stürm___ und gratuliert ihr herz___.

Wortbausteine am Ende von Wörtern heißen auch nachgestellte Wortbausteine oder Nachbausteine.

Wörter können **Wortbausteine am Anfang und am Ende** haben:
verbrauchen, vorrennen, entdecken, dreckig, deutlich, neidisch.

Wortbausteine schreibst du meistens gleich.

Manchmal treffen **zwei gleiche Konsonanten** aus Wortbaustein und Wortstamm aufeinander. Dann musst du beide Buchstaben schreiben: abbiegen, aufführen.

**1** Bilde mit **Vor-/vor-** und den Wörtern im Kasten Nomen, Verben und Adjektive. Setze sie passend in den Text ein.

| Mittag | Name | aus | Hang | eilig | bereiten | Führung | Sicht |
|---|---|---|---|---|---|---|---|

Es ist 12 Uhr und der ___ ist zu Ende.

Der Koch der Schulküche hat das Mittagessen ___.

Namira hat großen Hunger und rennt ___.

„___, Namira!“, mahnt Herr Simon,

„sei nicht so ___.“ Nach dem Essen

gehen alle zu einer ___ in die Aula.

Herr Simon nennt die ___ der Kinder und prüft, ob alle da sind.

Dann geht der ___ auf und das Theaterstück beginnt.

**2** Finde jeweils im ersten Satz das Verb und den Wortbaustein. Setze dieses Verb dann zusammengesetzt in den zweiten Satz ein. Schreibe ins Heft.

2) nehmen … an –
annehmen

Meine Eltern nehmen das Päckchen vom Postboten an.

Wenn sie nicht da sind, wird der Nachbar das Päckchen ___.

Meine Oma näht Namensschilder in meine Kleidung ein.

Für die Klassenfahrt muss sie viele Schilder ___.

Ich beiße ein Stück vom Apfel ab.

Danach lasse ich meinen Bruder ___.

Vor der Fahrradtour füllen wir unsere Trinkflaschen auf.

Wenn wir sie ___, haben wir genug zu trinken.

**3** Markiere in den zusammengesetzten Wörtern von Aufgabe 2 den letzten Buchstaben des Wortbausteins und den ersten Buchstaben des Verbs.

**4** Bilde mit **Aus-/aus-** und Wörtern, die mit **s** beginnen, neue Wörter. Schreibe ins Heft: aussagen, die Aussprache, …

4) ___
___



80

Wörter mit *Vor-/vor-* bilden und in einen Text einsetzen
Verben mit Wortbausteinen identifizieren und in Sätze einsetzen
Wörter mit aufeinandertreffenden gleichen Konsonanten sammeln

Fö 84, 85/Fo 38
HR

**5** Bilde mit den Nomen Adjektive mit den Wortbausteinen **-ig**, **-lich**, **-isch** und **-los**. Setze sie in den Text ein. Schreibe die Wortpaare ins Heft.

5) Chaos – chaotisch
___

| | |
|---|---|
| Chaos | Die Probe für das Theaterstück lief heute ___. |
| Fassung | Der Lehrer der Klasse 4c ist ___ und sagt: |
| Ruhe | „Jetzt setzt euch alle mal ganz ___ hin! |
| Problem | Warum ist es so ___, den Text zu lernen? |
| vergessen | Ihr seid doch sonst nicht so ___! |
| Anstand | Lernt bitte ___!“ |

**6** Schreibe den Text ins Heft ab. Setze dabei die Wörter in den Text ein. Manchmal musst du die Endungen anpassen.

| | | | | |
|---|---|---|---|---|
| umstimmen | vorgestern | lustig | überraschen | anschauen |
| Wiedersehen | Widerstand | entdeckt | gemütlich | versprechen |

Seit ___ ist Gretas alte Freundin Milena zu Besuch.
Beide freuen sich über das ___. Gretas Mutter hat ihnen einen ___ Videoabend versprochen. Greta möchte einen spannenden Film ___. Milena und Mama gefallen ___ Filme. „Uns kannst du nicht ___.
Jeder ___ ist also zwecklos“, lacht Mama. Da mischt sich Gretas Bruder ein: „Ich habe einen tollen Film ___.
Ich ___ euch, dass ihr diesen verrückten Film alle gut finden werdet. Lasst euch ___!“

**7** Warum werden die Wortbausteine **Wieder-** und **Wider-** in den Wörtern **Wiedersehen** und **Widerstand** unterschiedlich geschrieben? Recherchiere im Internet.

# Rechtschreibstrategien und Regeln nutzen

**1** Suche dir ein Partnerkind für die Aufgaben 2 bis 4.

**2** Welche Fehler hat Flora gemacht? Mit welchen Regeln oder Strategien könnt ihr die Fehler verbessern? Sprecht darüber.
Schreibt die Wörter richtig mit den Strategiesymbolen ins Heft.

Regel ▬ ▬ ▬
▬ ▬ ▬

2) Regel aber
…

**3** Untersucht die markierten Stellen der Wörter. Zeigt zu jedem Wort die passende Sprechblase. Führt ein Rechtschreibgespräch.

Brand | Zeitung | Räume | Lärm | Tiefe

Ich verlängere: …

Ich leite das Wort ab: …

Die erste Silbe ist offen. Ein langes i …

Wörter mit dem Wortbaustein …

Es gibt kein verwandtes Wort mit **a**. Ich muss …

**4** Welche Strategien helfen, die markierten Stellen in den Wörtern zu erklären? Zeigt die passenden Symbole. Nutzt den Rechtschreibfächer.

die Höhe
der Fußgänger
ängstlich
Nahrung



AH S. 44

Wörter mithilfe von Rechtschreibstrategien und Regeln verbessern
Rechtschreibgespräche führen
Rechtschreibphänomene den passenden Strategien zuordnen

KV 86, 87
Fö/Fo
HR

# Einen Text mit Strategien verbessern

**1** Verbessere die Fehler.
Nutze die Strategien und schreibe die Wörter richtig ins Heft.

1) Ausflug

**Ausfluk mit Hindernissen**

Heute ist Tildas Geburstag.

Sie hat ihre Fräunde eingeladen.

Mit Lou, Medi und Cem macht sie eine fahrt ans Meer.

Schnell hat Medi eine grose Muschel gefunden.

Sie siet so ähnlich aus wie ein Schneckenhaus.

Er übereicht Tilda die Muschel.

„Das ist richtich nett von dir!“, sagt Tilda.

„Eine ähnliche Muschel habe ich mal ferloren.“

**2** Schreibe den Text richtig ins Heft.
30 Wörter müssen großgeschrieben werden.
Benutze den Abschreibpfeil.

2) An ...

an der küste im norden deutschlands fand theo bei ebbe seegras. er fragte einen mann: „wissen sie, ob man das essen kann?“ der mann erklärte ihm, dass die samen des seegrases in mexiko als getreide genutzt werden. „und was haben die samen für einen geschmack?“, fragte theo. „ich habe einen tipp. nimm etwas seegras mit zur düne und teste den geruch oder probiere es“, antwortete der mann. „seegras ist eine internationale spezialität.“

**3** Markiere die 30 großgeschriebenen Wörter im Heft.

# Häufige Wörter

| | | |
|---|---|---|
| ab | euch | schon |
| aber | euer | sehr |
| alles | eure | sein |
| als | für | seit |
| also | gerade | sich |
| am | gleich | sie |
| an | hier | über |
| auch | hinein | um |
| auf | hinter | und |
| aus | ich | uns |
| bald | ihm | unter |
| bei | ihn | viel |
| bis | ihr | von |
| dabei | im | vor |
| danach | in | wann |
| dann | jede | warum |
| darum | jetzt | was |
| das | kein | weil |
| dein | letzte | welche |
| denn | man | wem |
| dich | mein | wen |
| dies | mich | wenn |
| dir | mir | wer |
| doch | mit | wie |
| dort | nach | wir |
| du | nichts | wo |
| durch | noch | zu |
| einmal | nun | zuerst |
| er | nur | zuletzt |
| erst | ob | zum |
| es | oder | zur |
| etwas | ohne | |

**Farben**

blau
gelb
grün
rot
schwarz
weiß
braun
orange
rosa
lila

**Wochentage**

Montag
Dienstag
Mittwoch
Donnerstag
Freitag
Samstag
Sonntag

**Zahlen**

| | | |
|---|---|---|
| null | acht | zwanzig, |
| eins | neun | dreißig, |
| zwei | zehn | vierzig, ... |
| drei | elf | |
| vier | zwölf | einhundert, |
| fünf | dreizehn | zweihundert, |
| sechs | vierzehn | dreihundert, ... |
| sieben | fünfzehn | |
| | | tausend |

## A a

**ab|bei|ßen**, er beißt ab,
sie hat ab|ge|bis|sen, es biss ab
**ab|bie|gen**, er biegt ab,
sie ist ab|ge|bo|gen, es bog ab
**ab|bren|nen**, er brennt ab,
sie ist ab|ge|brannt, es brann|te ab
der **Abend**, die Aben|de
das **Abend|es|sen**, die Abend|es|sen
der **Ad|vent**, die Ad|ven|te
**Af|ri|ka**
die **Ähn|lich|keit**, die Ähn|lich|kei|ten
**al|lein**, al|lei|ne
das **Al|ter|tum**
**Ame|ri|ka**
**än|dern**, er än|dert,
sie hat ge|än|dert, es än|der|te
**an|ders**, an|de|re
**an|fan|gen**, er fängt an,
sie hat an|ge|fan|gen, es fing an
**an|stän|dig**, an|stän|di|ger,
am an|stän|digs|ten
die **Apo|the|ke**, die Apo|the|ken
**är|gern**, er är|gert,
sie hat ge|är|gert, es är|ger|te
**Asi|en**
**auf|fan|gen**, er fängt auf,
sie hat auf|ge|fan|gen, es fing auf
**auf|fres|sen**, er frisst auf,
sie hat auf|ge|fres|sen, es fraß auf
**auf|füh|ren**, er führ|te auf,
sie hat auf|ge|führt, es führ|te auf
**auf|pas|sen**, er passt auf,
sie hat auf|ge|passt, es pass|te auf
**auf|räu|men**, er räumt auf,
sie hat auf|ge|räumt,
es räum|te auf
**aus|las|sen**, er lässt aus,
sie hat aus|ge|las|sen, es ließ aus
**au|ßen**
**äu|ßer|lich**
**au|ßer|dem**

## B b

das **Beet**, die Bee|te
**be|geg|nen**, er be|geg|net,
sie ist be|geg|net, es be|geg|ne|te
das **Bei|spiel**, die Bei|spie|le
die **Be|kannt|schaft**,
die Be|kannt|schaf|ten
**be|kom|men**, er be|kommt,
sie hat be|kom|men, es be|kam
**be|quem**, be|que|mer,
am be|quems|ten
**be|son|ders**
**bes|ser**, am bes|ten
**be|su|chen**, er be|sucht,
sie hat be|sucht, es be|such|te
das **Bier**, die Bie|re
**bil|lig**, bil|li|ger, am bil|ligs|ten
**biss|chen**
**bit|ten**, er bit|tet,
sie hat ge|be|ten, es bat
die **Blind|heit**
**blit|zen**, er blitzt, sie hat ge|blitzt,
es blitz|te
der **Block**, die Blö|cke
**blond**, blon|der, am blon|des|ten

A B C D E F G H I J K L M N O P Qu R S T U V W X Y Z

**blü|hen**, er blüht, sie hat ge|blüht, es blüh|te
der **Brand**, die Brän|de
das **Brauch|tum**, die Brauch|tü|mer
die **Brü|cke**, die Brü|cken
**brum|men**, er brummt, sie hat ge|brummt, es brumm|te
der **Bür|ger**, die Bür|ger
die **Bür|ge|rin**, die Bür|ge|rin|nen
der **Bus**, die Bus|se

## C c

die **Chan|ce**, die Chan|cen
der **Chef**, die Chefs
die **Che|fin**, die Che|fin|nen
der **Chor**, die Chö|re
der **Christ**, die Chris|ten
die **Chris|tin**, die Chris|tin|nen
der **Clown**, die Clowns

## D d

**deut|lich**, deut|li|cher, am deut|lichs|ten
der **Dieb**, die Die|be
**drau|ßen**
**dre|ckig**, dre|cki|ger, am dre|ckigs|ten
**dre|hen**, er dreht, sie hat ge|dreht, es dreh|te
**dru|cken**, er druckt, sie hat ge|druckt, es druck|te
**drü|cken**, er drückt, sie hat ge|drückt, es drück|te
**dumm**, düm|mer, am dümms|ten
die **Dumm|heit**, die Dumm|hei|ten
**dür|fen**, er darf, sie hat ge|durft, es durf|te
**durs|tig**, durs|ti|ger, am durs|tigs|ten

## E e

**eckig**
**ei|gent|lich**
das **Ei|gen|tum**, die Ei|gen|tü|mer
**ein|fach**, ein|fa|cher, am ein|fachs|ten
**ei|ni|ge**
**ein|pa|cken**, er packt ein, sie hat ein|ge|packt, es pack|te ein
das **Eis**
die **E-Mail**, die E-Mails, mailen
**emp|fin|den**, er emp|fin|det, sie hat emp|fun|den, es emp|fand
die **Emp|find|lich|keit**, emp|find|lich
**end|lich**
der **En|gel**, die En|gel
**ent|de|cken**, er ent|deckt, sie hat ent|deckt, es ent|deck|te
die **Ent|fer|nung**, die Ent|fer|nun|gen
**ent|ge|gen**
**ent|kom|men**, er ent|kommt, sie ist ent|kom|men, es ent|kam
die **Ent|wick|lung**, die Ent|wick|lun|gen
die **Erd|bee|re**, die Erd|bee|ren
das **Er|eig|nis**, die Er|eig|nis|se
die **Er|gän|zung**, die Er|gän|zun|gen
das **Er|geb|nis**, die Er|geb|nis|se
**er|käl|tet**
die **Er|kennt|nis**, die Er|kennt|nis|se

die **Er|klä|rung**, die Er|klä|run|gen
die **Er|laub|nis**, die Er|laub|nis|se
**er|le|ben**, er er|lebt, sie hat er|lebt, es er|leb|te
das **Er|leb|nis**, die Er|leb|nis|se
die **Er|näh|rung**
**er|war|ten**, er er|war|tet, sie hat er|war|tet, es er|war|te|te
die **Er|war|tung**, die Er|war|tun|gen
die **Er|zäh|lung**, die Er|zäh|lun|gen
das **Es|sen**, die Es|sen

## F f

**fah|ren**, er fährt, sie ist ge|fah|ren, es fuhr
das **Fahr|rad**, die Fahr|rä|der
die **Fahrt**, die Fahr|ten
**fas|sungs|los**, fas|sungs|lo|ser, am fas|sungs|lo|ses|ten
**feh|ler|frei**
das **Feld**, die Fel|der
**fer|tig**
die **Feu|er|wehr**, die Feu|er|weh|ren
die **Fla|sche**, die Fla|schen
der **Fleck**, die Fle|cken, fle|ckig
der **Fleiß**, flei|ßig
**flie|gen**, er fliegt, sie ist ge|flo|gen, es flog
**flie|ßen**, er fließt, sie ist ge|flos|sen, es floss
das **Floß**, die Flö|ße
das **Flug|zeug**, die Flug|zeu|ge
**flüs|sig**, flüs|si|ger, am flüs|sigs|ten
die **Flüs|sig|keit**, die Flüs|sig|kei|ten
die **Frech|heit**, die Frech|hei|ten
die **Frei|heit**, die Frei|hei|ten
**fres|sen**, er frisst, sie hat ge|fres|sen, es fraß
**freund|lich**, freund|li|cher, am freund|lichs|ten
**fried|lich**, fried|li|cher, am fried|lichs|ten
**froh**, fro|her, am frohs|ten
**früh**, frü|her, am frühs|ten
die **Frü|he**
**füt|tern**, er füt|tert, sie hat ge|füt|tert, es füt|ter|te

## G g

die **Gans**, die Gän|se
**ganz**
das **Ge|bäu|de**, die Ge|bäu|de, bau|en
**ge|ben**, er gibt, sie hat ge|ge|ben, es gab
der **Ge|burts|tag**, die Ge|burts|ta|ge
das **Ge|dächt|nis**, die Ge|dächt|nis|se
das **Ge|fäng|nis**, die Ge|fäng|nis|se
**ge|heim**, ge|hei|mer, am ge|heims|ten
das **Ge|heim|nis**, die Ge|heim|nis|se
**ge|hen**, er geht, sie ist ge|gan|gen, es ging
**gei|zig**, gei|zi|ger, am gei|zigs|ten
das **Geld**, die Gel|der
**ge|nau**, ge|nau|er, am ge|naus|ten
das **Ge|päck**
**gern**, ger|ne

**ge|sche|hen**, er geschieht, sie ist ge|sche|hen, es ge|schah
das **Ge|setz**, die Ge|set|ze
**ges|tern**
**ge|sund**, ge|sün|der, am ge|sün|des|ten
die **Ge|sund|heit**
das **Ge|wächs**, die Ge|wäch|se
der **Glanz**, glän|zen
das **Glas**, die Glä|ser
die **Glät|te**, glatt
**glück|lich**, glück|li|cher, am glück|lichs|ten
**glü|hen**, er glüht, sie hat ge|glüht, es glüh|te
das **Gras**, die Grä|ser
**groß**, grö|ßer, am größ|ten
der **Gruß**, die Grü|ße

## H h

**ha|ben**, er hat, sie hat ge|habt, es hat|te
**hän|gen**, er hängt, sie hat ge|hängt, es hing
**häu|fig**, häu|fi|ger, am häu|figs|ten
das **Haus**, die Häu|ser
die **Haut**, die Häu|te
das **Hei|lig|tum**, die Hei|lig|tü|mer
**heim|lich**, heim|li|cher, am heim|lichs|ten
**hei|ßen**, er heißt, sie hat ge|hei|ßen, es hieß
**hei|zen**, er heizt, sie hat ge|heizt, es heiz|te
die **Hei|zung**, die Hei|zun|gen
**hel|fen**, er hilft, sie hat ge|hol|fen, es half
**her|stel|len**, er stellt her, sie hat her|ge|stellt, es stell|te her
die **Her|stel|lung**, die Her|stel|lun|gen
**herz|lich**, herz|li|cher, am herz|lichs|ten, das Herz
das **Hin|der|nis**, die Hin|der|nis|se
**hoch**, hö|her, am höchs|ten
**hof|fent|lich**
**höf|lich**, höf|li|cher, am höf|lichs|ten
**hung|rig**, hung|ri|ger, am hung|rigs|ten
**hüp|fen**, er hüpft, sie ist ge|hüpft, es hüpf|te

## I i

die **Imp|fung**, die Imp|fun|gen
die **In|for|ma|ti|on**, die In|for|ma|tio|nen
**in|for|mie|ren**, er in|for|miert, sie hat in|for|miert, es in|for|mier|te
**in|ner|halb**
**in|ter|es|sant**, in|ter|es|san|ter, am in|ter|es|san|tes|ten
das **In|ter|net**
sich **ir|ren**, er irrt sich, sie hat sich ge|irrt, es irr|te sich

## J j

der **Jä|ger**, die Jä|ger
die **Jä|ge|rin**, die Jä|ge|rin|nen
**je|mand**

A B C D E F G H I J K L M N O P Qu R S T U V W X Y Z

die **Ju|gend**, ju|gend|lich

**jung**, jün|ger, am jüngs|ten

## K k

der **Kä|fer**, die Kä|fer

der **Kai|ser**, die Kai|ser

die **Kai|se|rin**, die Kai|se|rin|nen

**kalt**, käl|ter, am käl|tes|ten

die **Ka|ta|stro|phe**, die Ka|ta|stro|phen

die **Kennt|nis**, die Kennt|nis|se

die **Ker|ze**, die Ker|zen

die **Kie|fer**, die Kie|fern

**kin|disch**, kin|di|scher, am kin|dischs|ten

die **Kis|te**, die Kis|ten

die **Klei|dung**

**klug**, klü|ger, am klügs|ten

**ko|chen**, er kocht, sie hat ge|kocht, es koch|te

**kön|nen**, er kann, sie hat ge|konnt, es konn|te

der **Korb**, die Kör|be

die **Krank|heit**, die Krank|hei|ten

**krass**, kras|ser, am kras|ses|ten

das **Kraut**, die Kräu|ter

der **Kreis**, die Krei|se, krei|sen

das **Kreuz**, die Kreu|ze

die **Kreu|zung**, die Kreu|zun|gen

der **Krug**, die Krü|ge

## L l

**la|chen**, er lacht, sie hat ge|lacht, es lach|te

der **Lachs**, die Lach|se

das **Land**, die Län|der

der **Lärm**

**las|sen**, er lässt, sie hat ge|las|sen, es ließ

**lau|fen**, er läuft, sie ist ge|lau|fen, es lief

**läu|ten**, er läu|tet, sie hat ge|läu|tet, es läu|te|te

**le|ben**, er lebt, sie hat ge|lebt, es leb|te

**le|cker**, le|cke|rer, am le|ckers|ten

**lei|hen**, er leiht, sie hat ge|lie|hen, es lieh

**lei|se**, lei|ser, am lei|ses|ten

**leuch|ten**, er leuch|tet, sie hat ge|leuch|tet, es leuch|te|te

**lieb**, lie|ber, am liebs|ten

**lie|gen**, er liegt, sie hat ge|le|gen, es lag

die **Li|nie**, die Li|ni|en

**links**

das **Lob**, die Lo|be, lo|ben

der **Lohn**, die Löh|ne

**lö|sen**, er löst, sie hat ge|löst, es lös|te

**lus|tig**, lus|ti|ger, am lus|tigs|ten

## M m

der **Mag|net**, die Mag|ne|te

die **Mann|schaft**, die Mann|schaf|ten

das **Mär|chen**, die Mär|chen

das **Me|di|um**, die Me|di|en

**mehr**

die **Mei|nung**, die Mei|nun|gen

**meis|tens**

die **Meis|ter|schaft**, die Meis|ter|schaf|ten

der **Mensch**, die Men|schen, mensch|lich

**mes|sen**, er misst, sie hat ge|mes|sen, es maß

die **Mie|te**, die Mie|ten

der **Mit|tag**, die Mit|ta|ge

**mö|gen**, er mag, sie hat ge|mocht, es moch|te

der **Mond**, die Mon|de

die **Mo|schee**, die Mo|scheen

die **Mü|he**, die Mü|hen

der **Müll**

die **Mu|sik**

**müs|sen**, er muss, sie hat ge|musst, es muss|te

## N n

der **Nach|bar**, die Nach|barn

die **Nach|ba|rin**, die Nach|ba|rin|nen

**nächs|te**, nächs|ter, nächs|tes

**nah**, nä|her, am nächs|ten

die **Nä|he**

**nä|hen**, er näht, sie hat ge|näht, es näh|te, die Naht

die **Nah|rung**

**näm|lich**

die **Näs|se**, nass

**na|tür|lich**, na|tür|li|cher, am na|tür|lichs|ten

**neh|men**, er nimmt, sie hat ge|nom|men, es nahm

**nei|disch**, nei|di|scher, am nei|dischs|ten

**nie|mals**

**num|me|rie|ren**, er num|me|riert, sie hat num|me|riert, es num|me|rier|te

**nüt|zen**, er nützt, sie hat ge|nützt, es nütz|te, nütz|lich

## O o

der **Och|se**, die Och|sen

die **Ord|nung**

der **Ort**, die Or|te

die **Ort|schaft**, die Ort|schaf|ten

das **Os|tern**, die Os|tern

## P p

das **Päck|chen**, die Päck|chen

die **Part|ner|schaft**, die Part|ner|schaf|ten

der **Pass**, die Päs|se

das **Pflas|ter**, die Pflas|ter

**pflü|cken**, er pflückt, sie hat ge|pflückt, es pflück|te

die **Piz|za**, die Piz|zas (die Piz|zen)

**plan|los**, plan|lo|ser, am plan|lo|ses|ten

der **Preis**, die Prei|se

**pro|ble|ma|tisch**, pro|ble|ma|ti|scher, am pro|ble|ma|tischs|ten

der **Pul|lo|ver**, die Pul|lo|ver

**pünkt|lich**, pünkt|li|cher, am pünkt|lichs|ten

die **Pünkt|lich|keit**
die **Py|ra|mi|de**, die Py|ra|mi|den

## Qu qu

der **Qua|der**, die Qua|der
das **Qua|drat**, die Qua|dra|te
**qua|dra|tisch**
**quä|len**, er quält, sie hat ge|quält, es quäl|te
der **Quark**
der **Quatsch**
die **Quel|le**, die Quel|len
**quer**
das **Quiz**, die Quiz

## R r

das **Rad**, die Rä|der
das **Ra|dio**, die Ra|di|os
der **Rand**, die Rän|der
das **Rät|sel**, die Rät|sel
**rau|ben**, er raubt, sie hat ge|raubt, es raub|te
der **Räu|ber**, die Räuber
**räu|men**, er räumt, sie hat ge|räumt, es räum|te
die **Rech|nung**, die Rech|nun|gen
**rechts**
das **Reh**, die Re|he
**rei|ßen**, er riss, sie hat ge|ris|sen, es riss
die **Ret|tung**, die Ret|tun|gen, ret|ten
**rich|tig**
**rie|chen**, er riecht, sie hat ge|ro|chen, es roch
**rie|sig**
der **Ring**, die Rin|ge
die **Ru|he**
**ru|hig**, ru|hi|ger, am ru|higs|ten
**rund**

## S s

die **Sa|che**, die Sa|chen
der **Sa|men**, die Sa|men
die **Samm|lung**, die Samm|lun|gen
**sau|gen**, er saugt, sie hat ge|saugt, es saug|te
**schaf|fen**, er schafft, sie hat ge|schafft, es schaff|te
der **Schat|ten**, die Schat|ten
**schen|ken**, er schenkt, sie hat ge|schenkt, es schenk|te
**schie|ben**, er schiebt, sie hat ge|scho|ben, es schob
**schimp|fen**, er schimpft, sie hat ge|schimpft, es schimpf|te
**schla|gen**, er schlägt, sie hat geschla|gen, es schlug
**schließ|lich**
der **Schluss**, die Schlüs|se
**schme|cken**, er schmeckt, sie hat ge|schmeckt, es schmeck|te, der Ge|schmack
der **Schmutz**
**schmut|zig**, schmut|zi|ger, am schmut|zigs|ten
der **Schnee|mann**, die Schnee|män|ner
**schnell**, schnel|ler, am schnells|ten
der **Schnup|fen**, die Schnup|fen

A B C D E F G H I J K L M N O P Qu R S T U V W X Y Z

**schräg**, schrä|ger, am schrägs|ten
**schrei|ben**, er schreibt,
sie hat ge|schrie|ben, es schrieb
der **Schuh**, die Schu|he
die **Schuld**, die Schul|den
**schüt|teln**, er schüt|telt,
sie hat ge|schüt|telt, es schüt|tel|te
der **Schutz**, schüt|zen
der **Schwamm**, die Schwäm|me
die **Schwie|rig|keit**,
die Schwie|rig|kei|ten
das **Schwimm|bad**, die Schwimm|bä|der
**schwit|zen**, er schwitzt,
sie hat ge|schwitzt, es schwitz|te
**se|hen**, er sieht, sie hat ge|se|hen,
es sah
**sein**, es ist, sie ist ge|we|sen,
es war
sich **set|zen**, er setzt sich,
sie hat sich ge|setzt, es setz|te sich
die **Si|cher|heit**, die Si|cher|hei|ten
die **So|ße**, die So|ßen
**spät**, spä|ter, am spä|tes|ten
der **Spa|zier|gang**,
die Spa|zier|gän|ge
**sport|lich**, sport|li|cher,
am sport|lichs|ten
der **Sprung**, die Sprün|ge
**spu|ken**, er spukt,
sie hat ge|spukt, es spuk|te
die **Stadt**, die Städ|te
der **Staub**, stau|big
**ste|hen**, er steht,
sie hat ge|stan|den, es stand

**stei|gen**, er steigt,
sie ist ge|stie|gen, es stieg
**stel|len**, er stellt, sie hat ge|stellt,
es stell|te
das **Steu|er**, die Steu|er, steu|ern
**stim|men**, er stimmt,
sie hat ge|stimmt, es stimm|te
**stö|ren**, er stört, sie hat ge|stört,
es stör|te
die **Stra|fe**, die Stra|fen
der **Strauch**, die Sträu|cher
der **Strauß**, die Sträu|ße
**strei|cheln**, er strei|chelt,
sie hat ge|strei|chelt, es strei|chel|te
der **Streit**, die Strei|te
**strei|ten**, er strei|tet,
sie hat ge|strit|ten, es stritt
der **Strom**, die Strö|me
**stür|misch**, stür|mi|scher,
am stür|mischs|ten
**süß**, sü|ßer, am sü|ßes|ten

## T t

**täg|lich**, der Tag
die **Tas|te**, die Tas|ten
**taub**
der **Text**, die Tex|te
das **The|a|ter**, die The|a|ter
das **Ther|mo|me|ter**, die Ther|mo|me|ter
**tief**, tie|fer, am tiefs|ten
der **Tod**, die To|de, töd|lich
**tot**
das **Trai|ning**, die Trai|nings,
trai|nie|ren

A B C D E F G H I J K L M N O P Qu R S T U V W X Y Z

die **Trä|ne**, die Trä|nen
der **Traum**, die Träu|me
**trau|rig**, trau|ri|ger, am trau|rigs|ten
die **Trau|rig|keit**
**trin|ken**, er trinkt,
sie hat ge|trun|ken, es trinkt
**tro|cken**, tro|cke|ner,
am tro|ckens|ten
**trös|ten**, er trös|tet,
sie hat ge|trös|tet, es trös|te|te
**trotz|dem**

## U u

**über|all**
**über|haupt**
**über|que|ren**, er über|quert,
sie hat über|quert, es über|quer|te
**über|rei|chen**, er über|reicht,
sie hat über|reicht, es über|reich|te
die **Übung**, die Übun|gen
**un|ge|dul|dig**, un|ge|dul|di|ger,
am un|ge|dul|digs|ten
**un|ge|fähr**
das **Un|ge|heu|er**, die Un|ge|heu|er
der **Un|ter|richt**
der **Ur|laub**, die Ur|lau|be

## V v

**ver|brau|chen**, er ver|braucht,
sie hat ver|braucht, es ver|brauch|te
**ver|ge|ben**, er ver|gibt,
sie hat ver|ge|ben, es ver|gab
**ver|gess|lich**, ver|gess|li|cher,
am ver|gess|lichs|ten
**ver|glei|chen**, er ver|gleicht,
sie hat ver|gli|chen, es ver|glich
**ver|kau|fen**, er ver|kauft,
sie hat ver|kauft, es ver|kauf|te
**ver|lie|ren**, er ver|liert,
sie hat ver|lo|ren, es ver|lor
**ver|ra|ten**, er ver|rät,
sie hat ver|ra|ten, es ver|riet
**ver|rü|cken**, er ver|rückt,
sie hat ver|rückt, es ver|rück|te
**ver|rückt**, ver|rück|ter,
am ver|rück|tes|ten
**ver|rüh|ren**, er ver|rührt,
sie hat ver|rührt, es ver|rühr|te
**ver|schmut|zen**, er ver|schmutzt,
sie hat ver|schmutzt,
es ver|schmutz|te
die **Ver|schmut|zung**,
die Ver|schmut|zun|gen
**ver|schwin|den**, er ver|schwin|det,
sie ist ver|schwun|den,
es ver|schwand
**ver|spre|chen**, er ver|spricht,
sie hat ver|spro|chen, es ver|sprach
das **Ver|spre|chen**, die Ver|spre|chen
das **Ver|steck**, die Ver|ste|cke
**ver|ste|cken**, er ver|steckt,
sie hat ver|steckt, es ver|steck|te
der **Ver|such**, die Ver|su|che
**ver|su|chen**, er ver|sucht,
sie hat ver|sucht, es ver|such|te
**ver|trau|en**, er ver|traut,
sie hat ver|traut, es ver|trau|te
**ver|wandt**

A B C D E F G H I J K L M N O P Qu R S T U V W X Y Z

die **Ver|wandt|schaft**, die Ver|wandt|schaf|ten
die **Voll|stän|dig|keit**
die **Vor|fahrt**
**vor|kom|men**, er kommt vor, sie ist vor|ge|kom|men, es kam vor
das **Vor|kom|men**, die Vor|kom|men
**vor|neh|men**, er nimmt vor, sie hat vor|ge|nom|men, es nahm vor
**vor|ren|nen**, er rennt vor, sie ist vor|ge|rannt, es rann|te vor
der **Vor|schlag**, die Vor|schlä|ge
**vor|schla|gen**, er schlägt vor, sie hat vor|ge|schla|gen, es schlug vor
**vor|sor|gen**, er sorgt vor, sie hat vor|ge|sorgt, es sorg|te vor
**vor|wärts**

## W w

**wa|chen**, er wacht, sie hat ge|wacht, es wach|te
das **Wachs**, die Wach|se
das **Wachs|tum**
das **Wag|nis**, die Wag|nis|se
**wäh|rend**
die **Wahr|heit**, die Wahr|hei|ten
die **Wand**, die Wän|de
die **Wä|sche**, die Wä|schen, wa|schen
das **Was|ser**
**we|cken**, er weckt, sie hat ge|weckt, es weck|te
**we|hen**, er weht, sie hat ge|weht, es weh|te
das **Weih|nach|ten**, die Weih|nach|ten
**wer|den**, er wird, sie ist ge|wor|den, es wur|de
**wich|tig**, wich|ti|ger, am wich|tigs|ten
**wie|gen**, er wiegt, sie hat ge|wo|gen, es wog
**wild**, wil|der, am wil|des|ten
**wis|sen**, er weiß, sie hat ge|wusst, es wuss|te
das **Wis|sen**
die **Wis|sen|schaft**, die Wis|sen|schaf|ten
**wit|zig**, wit|zi|ger, am wit|zigs|ten
**wol|len**, er will, sie hat ge|wollt, es woll|te
das **Wun|der**, die Wun|der
die **Wut**, wü|tend

## X x

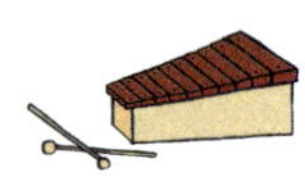

## Y y

## Z z

der **Zeh**, die Ze|hen
die **Zeich|nung**, die Zeich|nun|gen
die **Zen|sur**, die Zen|su|ren
das **Zeug|nis**, die Zeug|nis|se
**zie|hen**, er zieht, sie hat ge|zo|gen, es zog
der **Zu|cker**
der **Zug**, die Zü|ge
**zu|künf|tig**
der **Zwerg**, die Zwer|ge